Dirección editorial M.ª Jesús Díaz

Adaptación Consuelo Delgado
Revisión Isabel López
Asesoramiento pedagógico María Luisa García Herrero
Ilustraciones Fernando Aznar
Diseño de colección José Delicado
Realización y edición delicado diseño

C/ Campezo, 13 - 28022 Madrid
Tel.: 91 3009100 - Fax: 91 3009118
www.susaeta.com

D.L.: M-37335-MMXII

el placer de LEER CON SUSAETA

De la Tierra a la Luna

Julio Verne

Adaptación de Consuelo Delgado
Ilustraciones de Fernando Aznar

PERSONAJES

Hunter

Uno de los muchos hombres de negocios que lucharon en la guerra de Secesión y que, como inventores de armas, formaron el Gun-Club.

Bilsby

Otro socio del club, manco por la guerra y que, al igual que Hunter, añora aburrido los tiempos en que nada más inventar un arma la probaban en combate.

Maston

Gran inventor de cañones y experto en cálculos, que siempre pone entusiasmo en lo que hace y no se ve nada impedido por llevar un garfio en lugar de la mano.

Barbicane

Presidente del Gun-Club, que, para devolver a los socios la actividad perdida, propone crear un cañón capaz de enviar un proyectil a la Luna.

General Morgan

Militar de la guerra de Secesión y socio del club, que aporta sus conocimientos de armas y participa en la creación del cañón que enviará el proyectil a la Luna.

Mayor Elphiston

Otro militar de la guerra de Secesión que colabora en la creación del cañón. Le preocupan los gastos y problemas técnicos, y es experto en pólvora.

Capitán Nicholl

Yanqui orgulloso, inventor de placas acorazadas contra proyectiles y, por ello, rival de Barbicane, a quien reta apostando a que no logrará su plan.

Michel Ardan

Francés alegre y gran aventurero que propondrá algo insólito: viajar él mismo dentro del proyectil que se envíe a la Luna. ¿Lo conseguirá?

Índice

GUN-CLUB

Capítulo 1

El Gun-Club

Durante la guerra de Secesión de los Estados Unidos se creó en la ciudad de Baltimore, en Maryland, un club muy importante: el Gun-Club o Club del Cañón. Muchos hombres de negocios se convirtieron en oficiales del ejército y pronto igualaron en el arte de la guerra a sus colegas europeos, e incluso los superaron por construir cañones de tamaño gigantesco.

Y así, en la terrible guerra entre los estados del norte y del sur, los periódicos yanquis celebraban sus inventos de guerra con entusiasmo y los militares que ideaban nuevas armas, o las perfeccionaban, se unieron como socios formando el Gun-Club.

Los miembros del club no sólo ideaban armas sino que las ponían a prueba en el campo de batalla. Por eso, la mayoría llevaba en su cuerpo las huellas de la guerra: muletas, patas de palo, brazos articulados, manos de garfio...

Sin embargo, un día se firmó la paz, dejaron de retumbar los cañones y los socios del Gun-Club se vieron de brazos cruzados. Algunos aún soñaban con bombas gigantescas, pero ¿de qué servía la teoría si no se podía poner en práctica?

—¡Qué aburrimiento! —dijo Hunter, acercando sus patas de palo al fuego.

—Aquellos tiempos se acabaron —le contestó Bilsby, estirando su brazo manco—. ¡Entonces sí daba gusto! Inventabas un obús y, en cuanto te lo fundían, ibas a probarlo con el enemigo y luego recibías unas palmaditas del general.

—¡Y no hay ninguna guerra a la vista! —se lamentó el famoso Maston, rascándose con el garfio—. Esta misma mañana acabé el diseño de un cañón.

—En Europa siguen guerreando.

—¡No vamos a trabajar para los extranjeros! —exclamó Bilsby.

—Pero siempre podrá surgir alguna dificultad internacional que nos permita declarar la guerra a cualquier potencia europea —dijo Maston.

—¡No tendremos esa suerte!

—¿No perteneció antes América del Norte a Inglaterra? Pues ¿por qué no al revés ahora? Propongámoslo al presidente de los Estados Unidos —sugirió Maston.

—Ya verá lo que le dice…

—Pues no le votaré en las próximas elecciones —gritó Maston—, y si sigue esto así me doy de baja en el club.

—Y nosotros también.

Así de amenazada se veía la existencia del club cuando sucedió un hecho inesperado. Cada socio recibió esta nota:

Baltimore, a 3 de octubre

El presidente del Gun-Club tiene el gusto de anunciar a los socios que el próximo día 5 se les comunicará un asunto muy importante, por lo cual se les ruega que asistan a la cita.

Cordialmente,

Impey Barbicane, Presidente del Gun-Club

Aquella tarde del día 5 hubo un lleno total en el club. Quienes conocían al presidente sabían que no molestaba a sus colegas sin un motivo muy importante. Barbicane era un hombre de cuarenta años, serio, tranquilo y de ideas prácticas: un auténtico yanqui del norte.

En cuanto sonaron las ocho en el reloj del salón, Barbicane se levantó y dijo:

—Valientes colegas, desde hace mucho la paz nos ha dejado inactivos. Pero la guerra es imposible ahora; así que hay que buscar otra tarea que nos devuelva a la actividad, una experiencia digna del siglo XIX. He trabajado en ello y creo que podemos triunfar en una empresa que sería imposible en otro país. Les propongo que realicemos un cañón con suficiente potencia para enviar un proyectil a la Luna.

—¡Hurra por la Luna! —gritaron.

—Se ha estudiado mucho la Luna; se han dibujado mapas y hecho fotografías.

Sabemos todo lo que las ciencias matemáticas, la astronomía, la geología y la óptica nos pueden enseñar, pero nunca ha habido comunicación directa con ella. Yo creo que, con cañones y pólvora, se puede enviar una bala a la Luna. Según mis cálculos, cualquier proyectil que parta con una velocidad inicial de 11 km por segundo llegaría a la Luna. Les propongo que intentemos este experimento. Confíen en mí y yo les guiaré a la conquista de la Luna, para que sea un estado más de la Unión.

—¡Hip, hip! ¡Hurra! —gritaron todos.

Capítulo 2

Se difunde la noticia

La euforia y el griterío fueron tremendos. Llevaron en hombros a Barbicane por las calles de Baltimore hasta bien entrada la noche. Un óptico se hizo rico en pocas horas vendiendo gafas. Todos miraban la Luna como si ya fueran sus dueños. Y, sin embargo, lo que querían era enviarle un proyectil, una forma muy brutal de iniciar relaciones.

El entusiasmo era general en todos los barrios y clases sociales, sin importar la profesión o los estudios. Además, el telégrafo permitió comunicar la noticia a todos los estados y aquella misma noche el país entero gritó de júbilo y orgullo.

Al día siguiente, quinientos periódicos y revistas convirtieron el asunto en el tema de debate y hubo un total apoyo a la idea de lanzar un proyectil a la Luna. Veían en ello el primer paso a la conquista de ese satélite de la Tierra.

Mientras, Barbicane se reunió con sus colegas del club y acordaron consultar a los astrónomos. Enviaron una serie de preguntas al mejor observatorio: el de Cambridge, en Massachusetts.

Rápidamente, el presidente del Gun-Club obtuvo respuesta:

Cambridge, a 7 de octubre

Al recibir su carta, nuestro equipo se ha reunido y da contestación a sus preguntas.

1.ª ¿Es posible enviar un proyectil a la Luna?

Sí lo es, si se consigue darle una velocidad inicial de 11 km/seg. A medida que nos alejamos de la

Tierra, disminuye el efecto de la gravedad y, por tanto, el peso del proyectil disminuirá también. El proyectil dejará de pesar cuando llegue al punto en que la gravedad o atracción de la Luna coincida con la de la Tierra y, si traspasa este punto, caerá sobre la Luna por efecto de la atracción lunar.

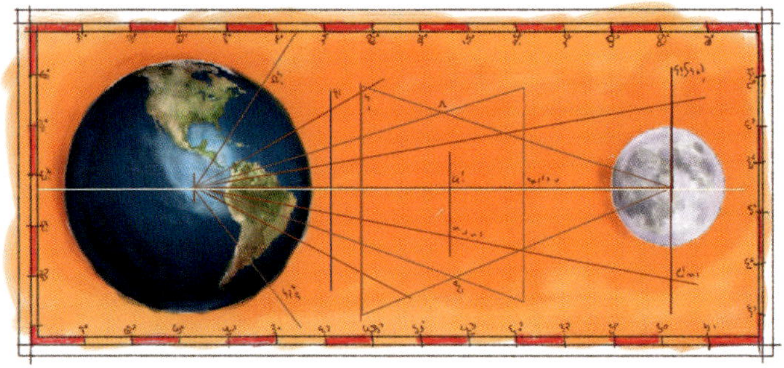

2.ª ¿Cuál es la distancia entre la Tierra y la Luna?

La Luna no gira alrededor de la Tierra describiendo una circunferencia, sino una elipse. Por eso, unas veces se encuentra más próxima a la Tierra y otras más alejada. La distancia mayor es de 398.392 km, y la menor, de 351.891 km. Debemos tomar como medida la distancia menor.

3.ª ¿Cuál sería la duración del trayecto del proyectil y en qué momento se debería lanzar?

Si la velocidad inicial de 11 km/seg se mantuviese, no tardaría más de 9 horas en llegar a la Luna; pero como la velocidad inicial irá disminuyendo continuamente, el proyectil tardará 83 horas y

20 minutos en llegar al punto en que se equilibran la atracción terrestre y la lunar, y a partir de ahí caerá sobre la Luna en 13 horas, 53 minutos y 20 segundos, es decir, habrá que lanzarlo 97 horas, 13 minutos y 20 segundos antes de que la Luna llegue al punto en que queramos que se toquen.

4.ª ¿En qué momento exacto ocupa la Luna la mejor posición para que el proyectil la alcance?

Según nuestros cálculos, el 4 de diciembre del año próximo, a medianoche, la Luna se encontrará a menor distancia de la Tierra y en posición totalmente vertical.

5.ª ¿A qué punto del cielo se debe apuntar con el cañón para disparar el proyectil?

El cañón se debe apuntar en sentido vertical para que el proyectil se libre antes de la atracción terrestre pero, para que coincida con que la Luna se halle en la mejor posición vertical, el cañón debe estar en un lugar situado entre el ecuador y los 28° de latitud.

En resumen, se deberá disparar el proyectil el 1 de diciembre del año que viene, a las 11 menos 13 minutos y 20 segundos, para que llegue a la Luna el 4 de diciembre a medianoche, justo cuando esté en posición vertical y a menor distancia de la Tierra.

El equipo del observatorio queda a su disposición y le expresa sus felicitaciones.

J. M. Belfast
Director del observatorio

La propuesta de Barbicane originó un interés general por saber acerca de la Luna. Los periódicos y revistas publicaron la carta del observatorio y se divulgaron muchos conocimientos científicos.

La Luna se convirtió en tema de conversación.

Capítulo 3

El equipo de trabajo

Había que resolver ahora la parte mecánica: ¿cómo serían el proyectil y el cañón? El presidente Barbicane formó un equipo de trabajo con el general Morgan, el sargento mayor Elphiston y el célebre Maston.

Se reunieron en casa de Barbicane.

—Tratemos primero la cuestión del proyectil, pues el tamaño del cañón dependerá de la bala —dijo él.

—Esta bala que vamos a lanzar —afirmó Maston— será nuestro embajador allí, y creedme que el proyectil es la mayor prueba del poder humano. Pensad que si de Dios es la velocidad de la luz, del sonido, de las estrellas y los planetas, ¡nuestra es la velocidad del proyectil, cien veces superior a la de los caballos! Una simple bala de 11 kilos, en el momento en que sale del cañón, ¡supera la velocidad del sonido! Y tardaría 11 días en llegar a la Luna. ¡Imaginaos si multiplicamos por veinte esa velocidad!

—Muy bien, sabemos que tenemos que darle una velocidad de 11 km/seg y hasta ahora el cañón más rápido ha sido el Columbiad Rodman, que lanzaba una bala de media tonelada a 731 m/seg, así que necesitamos multiplicar por quince esa velocidad. Y la bala debe pesar más.

—Claro, para que la vean bien los habitantes de la Luna —dijo Maston.

—Sí, y también para que nosotros podamos seguirle el rastro. Ya saben que ciertos telescopios han llegado a

acercarnos la Luna a unos 65 km, y a esa distancia se ven los objetos de 18 m de ancho —añadió Barbicane.

—¿No pensará darle esa medida al proyectil? —preguntó el general.

—Claro que no, pero si la luz de la Luna tiene que atravesar menos atmósfera, podrá llegar más luz y el telescopio verá más claro con más aumento. Para eso, basta con montar un telescopio en una montaña muy alta.

—¡Qué gran idea! Y ¿cuántos aumentos ganaría así ? —dijo el mayor.

—Serían 48.000 aumentos, con lo cual veríamos la Luna a sólo 8 km y los objetos podrían tener 2,5 m de ancho.

—Pero aun así pesará demasiado.

—Ya en la Edad Media se lanzaban proyectiles que pesaban más de mil kilos, así que hoy con los avances de la ciencia... Lo haremos de hierro fundido, pero hueco para que pese menos.

—Entonces será un obús ¡y le podremos meter mensajes y muestras de productos terrestres! —añadió Maston.

—Sí, propongo que no pese más de diez toneladas —continuó Barbicane— y calculemos el grosor.

Maston, el experto en cálculos, se puso a hacer ecuaciones y raíces y dijo:

—Sale un grosor de 5 cm.

—Como eso no basta para soportar la presión de la pólvora, habrá que usar otro material. Propongo el aluminio —siguió Barbicane—, que se puede fundir y moldear y es resistente como el hierro, pero pesa tres veces menos.

—Eso será muy caro—dijo el mayor.

—Cuando se descubrió sí lo era, pero ahora el kilo cuesta 18 dólares. Calculo que con un grosor de 30 cm y un diámetro de 2,5 m saldrá por 173.250 dólares. Es dinero, pero lo tendremos.

—Vale, lo aprobamos —dijo el resto.

—En cuanto a la forma del proyectil, da igual, pues cuando traspase la atmósfera se encontrará en el vacío, así que propongo que sea redondo para que se mueva a su capricho.

Los cuatro miembros del Gun-Club discutieron después cómo sería el cañón y la pólvora y en qué lugar lanzar el proyectil.

Barbicane empezó:

—Cuando se lanza un proyectil, se ve sometido a tres fuerzas: la resistencia del medio, la atracción de la Tierra y la fuerza impulsora que se le ha dado. En este caso, la resistencia del aire importa poco, porque la atmósfera terrestre mide 65 km y a una velocidad de 11 km/seg el proyectil la atraviesa en 5 segundos. La atracción de la Tierra, o sea, el peso del proyectil, disminuirá en razón inversa al cuadrado de las distancias. Entonces, si un cuerpo cae a la Tierra a 4,5 m en el primer segundo, al colocar este cuerpo a la

distancia de la Luna caerá a sólo 1 milímetro, es decir, que apenas se movería. Por tanto, hay que vencer la atracción mediante la fuerza impulsora, haciendo un cañón muy largo y usando mucha pólvora. Normalmente, la longitud del cañón es de 20 a 25 veces el diámetro de la bala y de 235 a 240 veces su peso.

—No es suficiente —dijo Maston.

—Estoy de acuerdo; por eso he pensado cuadruplicar esa longitud y, para los 2,5 m de diámetro de nuestro proyectil, hacer un cañón de 250 m de largo y 2 m de grosor.

—¡No pensará levantar ese peso! —exclamó el sargento mayor.

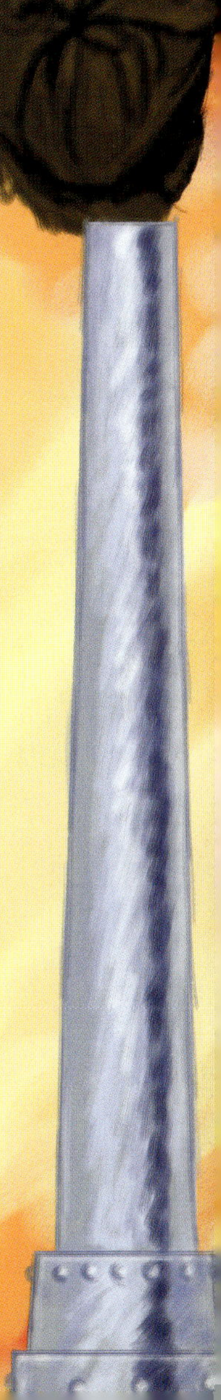

—He pensado fundir el cañón en el mismo suelo —dijo Barbicane— y recubrirlo de una capa de cal y piedra. El hueco interior debe ser igual al ancho del proyectil: 2,5 m, para aprovechar toda la fuerza expansiva de la pólvora.

—Propongo que nuestro Columbiad se haga fundiendo cobre, estaño y latón —dijo el general.

—Es muy caro —dijo Barbicane—; mejor utilizar hierro fundido, que es diez veces más barato y se maneja mejor. Si Maston nos calcula el peso…

Maston se puso enseguida a hacer ecuaciones y sacó el resultado:

—El cañón pesará 68.040 toneladas y eso costaría 2.510.700 dólares.

Todos miraron preocupados al presidente, pero este les aseguró que obtendrían esos millones de dólares.

En la reunión donde se habló de la pólvora, fue el mayor Elphiston quien dio los datos por ser el experto.

—Sabemos que la cantidad de pólvora es 4.000 veces menor que la cantidad de gas producido al quemarse y que, cuanto más pesa la bala, menos pólvora se necesita. Yo creo que bastarán 100 toneladas.

—¡Mejor 400! —exclamó Maston.

—Y yo digo el doble: 800.

—Pero no cabe tanta pólvora en nuestro cañón —señaló Maston.

—Entonces usemos el algodón-pólvora, que se puede comprimir y bastarán 200 toneladas —dijo Barbicane.

Maston se llevó tal alegría que se lanzó como una bala en brazos de su amigo Barbicane, quien no se cayó por estar hecho a prueba de bomba.

Quedaba por decidir el lugar de lanzamiento. Según el Observatorio de

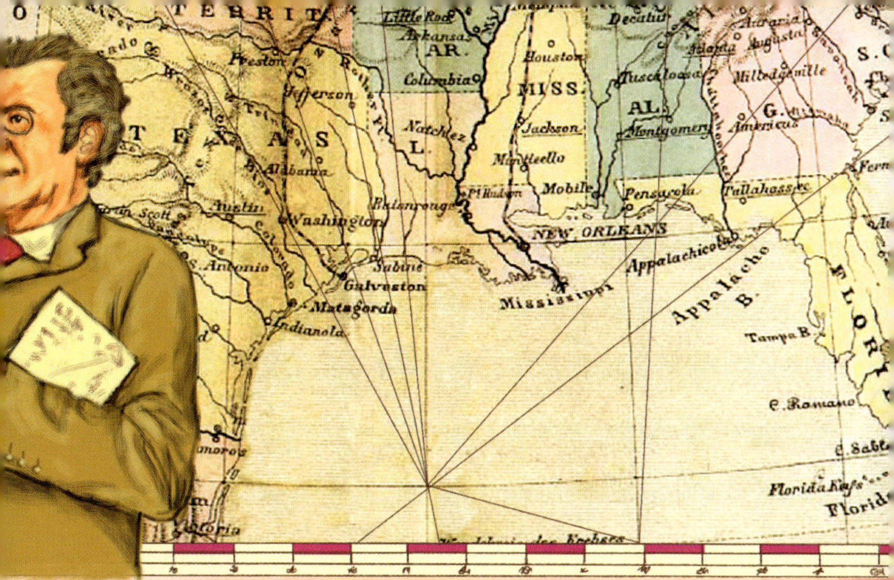

Cambridge, debía estar entre el ecuador o paralelo 0° y el 28°. Maston habló:

—Vamos a realizar un acto de patriotismo lanzando la bala a la Luna, así que, como debemos dispararla desde un lugar próximo al ecuador, propongo que declaremos la guerra a México.

—¡No, eso no! —gritaron todos.

—Me sorprende que se nieguen.

—Por supuesto que debemos lanzarla en territorio nuestro, pero es que el sur de Texas y de Florida están por debajo del paralelo 28 —aseguró Barbicane.

En cuanto se conoció este dato, comenzó la lucha entre Texas y Florida por ser el lugar elegido. Llegaron a Baltimore diputados de ambos estados para alabar el suyo y atacar al contrario. Texas decía tener el mejor algodón y hierro. Florida tenía arena para fundir el cañón y ofrecía la bahía de Espíritu Santo, justo a 28° de latitud, para que los barcos trajeran los materiales a la ciudad de Tampa. Los periódicos se dividieron en apoyar a uno u otro. El Gun-Club recibía cartas y amenazas.

—Esta pelea se repetirá luego entre ciudades —afirmó Barbicane—, y como en Texas hay once que disputan entre sí y en Florida hay sólo una, propongo que se haga en Tampa, en Florida.

Capítulo 4

El desafío del capitán Nicholl

El público estadounidense seguía con interés y entusiasmo las discusiones científicas del Gun-Club, pero hubo una sola persona en todo el país que protestó contra el proyecto.

Se trataba del capitán Nicholl, un sabio como Barbicane, y también un yanqui orgulloso. Era experto en idear placas acorazadas para proteger los barcos de los proyectiles, justo lo contrario que

Barbicane. En cuanto este inventaba una nueva bala, Nicholl ideaba una nueva placa. Esta rivalidad científica terminó haciéndose personal.

Cuando Nicholl se enteró del nuevo plan de Barbicane, se angustió pensando qué coraza podría resistir a ese proyectil, y decidió atacarlo con argumentos científicos. Llegó a decir que si la bala no llegaba a la Luna, caería a la Tierra y destrozaría parte del planeta.

Como era el único en oponerse al plan, nadie le hacía caso; pero un día retó al Gun-Club en un periódico: apostaba 1.000 dólares a que no conseguirían el dinero, 2.000 a que no fundirían el cañón, 3.000 a que explotaría

la pólvora, 4.000 a que estallaría el cañón y 5.000 a que la bala no alcanzaría ni 10 km.

A pesar del dineral de la apuesta, un total de 15.000 dólares, Barbicane aceptó.

El problema ahora era reunir el dinero para poner en marcha la obra. Aunque esta sería de Estados Unidos, Barbicane decidió pedir el dinero en todos los países del mundo. Los científicos aplaudieron el proyecto y despertaron el interés de la gente, con lo que la suscripción popular tuvo mucho éxito. Consiguieron en total cinco millones y medio de dólares. La primera apuesta estaba ganada.

Capítulo 5

Comienzan las obras

El 20 de octubre, el Gun-Club contrató con una fábrica la construcción del cañón, que debía estar listo en un año como máximo. Hizo lo mismo con otra empresa para fabricar el proyectil y con el Observatorio de Cambridge para construir un telescopio.

Al día siguiente los cuatro miembros del club tomaron un barco con destino a Tampa. Los recibieron con honores, pero Barbicane se fue derecho al hotel, pues no le gustaba nada la fama.

Encargó unos caballos para explorar la zona y fueron por la costa hacia el sur, hasta traspasar el paralelo 28°. Estaban en una estrecha franja de tierra, entre el océano Atlántico y el golfo de México, que era llana y seca en la costa pero con muchos riachuelos en el interior y llena de cultivos en la parte alta. Luego encontraron bosques tropicales y más allá una llanura rocosa, que por ser de tierra seca y estar a 500 m sobre el nivel del mar fue el sitio elegido. Se llamaba Stone'Hill, que significa 'colina de piedras'.

Una semana después llegaron 1.500 trabajadores a Tampa, lo cual duplicó su población. Se eligió a los mejores.

Muchos venían con su familia, así que fue una auténtica emigración.

Se construyó primero un ferrocarril que uniera los 24 km entre Tampa y Stone'Hill, y luego se levantó una ciudad de casas en esa llanura desierta.

Barbicane era el que dirigía las obras, resolvía los problemas y animaba a los obreros, seguido siempre por Maston.

—Esta obra ha de estar terminada en ocho meses —les dijo Barbicane—. Confío en su entusiasmo y habilidad. Primero cavaremos un pozo algo más ancho que las medidas del cañón, para añadir la capa de piedra, y luego construiremos muchos hornos alrededor para verter el hierro fundido en el pozo.

Cuando hubieron excavado 2 m, metieron una plataforma circular de madera con un agujero en el centro, del ancho del Columbiad. Esa franja circular la rellenaron de una capa de piedra y cemento para recubrir las paredes del pozo. Después siguieron excavando otros 2 m y repitieron la operación. A pesar de algunos accidentes, incluso con muertes de obreros, el pozo se terminó a tiempo.

Se fabricó luego un molde cilíndrico de tierra y paja con el ancho exacto del proyectil, y se introdujo en el pozo. El espacio entre ese molde y la pared del pozo se rellenaría con el metal fundido.

Mientras, se construyeron 1.200 hornos alrededor. Eran bajos y con una chimenea alta y cuadrangular. El hierro se trajo en barcos y en tren. Maston estaba ansioso por ver la fundición y hacerla en público, pero Barbicane se negó por ser peligroso.

El día fijado, se calentaron todos los hornos a la vez. Mientras se iba fundiendo el hierro, salían llamas y humo negro por las chimeneas.
El calor era insoportable. A mediodía se llenaron las cubas del hierro líquido y, a una señal, se abrieron las compuertas y todos los hornos vertieron a la vez el metal fundido. Eran verdaderas lenguas de fuego que producían un ruido espantoso al caer en el pozo.

Capítulo 6

¿Pasajeros en el proyectil?

Había que esperar a que se enfriara el metal para conocer el resultado. El cañón Rodman había tardado quince días en enfriarse. ¿Cuánto tardaría este Columbiad, que tenía ochocientas veces más de hierro?

Dos semanas después de la fundición, todavía se veía humo en el cielo, y el suelo quemaba los pies en 100 m a la redonda. Fueron pasando las semanas y Maston estaba desesperado.

—¡Faltan menos de cuatro meses para el 1 de diciembre! ¡No va a dar tiempo!

A mediados de agosto disminuyeron los vapores y los temblores del suelo y, a finales, pudieron pisar el hierro.

Inmediatamente se utilizaron picos y taladradoras para sacar el molde y se pulió el interior del cañón. Un mes después el cañón estaba terminado. Habían ganado la segunda apuesta.

Los curiosos que habían llegado a Tampa, procedentes de todos los Estados Unidos, habían aumentado su población hasta los 50.000 habitantes, y eso había generado un gran comercio y la construcción de casas, escuelas... hasta multiplicar por diez la extensión de la

ciudad. Los yanquis, que son muy dados a los negocios, aumentaron la actividad del puerto con muchos barcos, hicieron más carreteras y ampliaron el ferrocarril. El propio Barbicane quiso aprovechar la apertura al público del recinto del Columbiad para cobrar 5 dólares por bajar en un ascensor al interior del cañón. En dos meses ganó 500.000 dólares.

Los primeros visitantes del Columbiad fueron los miembros del Gun-Club. En un ascensor especial, con banquete preparado en una mesa, bajaron los cuatro más el ingeniero. Los hurras de sus brindis retumbaron desde fuera.

El 30 de septiembre ocurrió un hecho inesperado. El presidente Barbicane recibió este telegrama:

París, 30 septiembre

Sustituyan bala redonda por proyectil cilíndrico cónico. Iré dentro. Llegaré en barco Atlanta.

Michel Ardan

Barbicane pensó que era una broma, sobre todo viniendo de un francés, o que se trataba de un loco. Mostró el telegrama a los demás y todos se rieron, menos Maston, que exclamó:

—¡Esa sí es una gran idea! ¡Es un héroe!

La noticia se extendió por las oficinas de telégrafos y de ahí llegó al público. Se hicieron incluso chistes, pero algunos pensaron que sería posible viajar dentro del proyectil. Al fin y al cabo, Michel Ardan tenía fama por sus aventuras.

Cuando se confirmó que viajaba a Tampa en el barco Atlanta, todo el país estuvo expectante de su llegada. El puerto se abarrotó de gente y Barbicane subió al barco a recibirlo.

Michel Ardan era un hombre alto y fuerte, de cuarenta años, cara cuadrada con un tieso bigote y melena rojiza. Era impulsivo y generoso, y todo un aventurero. Barbicane lo miró como el rival que venía a relegarlo a un segundo plano y se mostró frío con él, a pesar del saludo efusivo del francés.

—¿Ha mandado modificar el proyectil? —preguntó enseguida este.

—Pero ¿está usted seguro…?

ATLA

—Pues claro, no voy a perderme esta ocasión de dar una vuelta por la Luna.

—Tendrá al menos un plan…

—Ya lo creo, pero para no repetirme prefiero explicarlo públicamente.

Al día siguiente, el francés se dirigió a miles de personas desde una tribuna:

—Sepan que mi ignorancia me hace pensar que, igual que el hombre ha creado otros medios de transporte, ¿por qué no puede serlo un proyectil? Ustedes dirán que la velocidad es excesiva, pero resulta que la Tierra nos mueve tres veces más rápido alrededor del Sol. Y las distancias son relativas. Ustedes creen que la Luna está muy lejos, pero equivale a nueve veces la vuelta al mundo y muchos marinos recorren distancias mayores. Créanme, antes de veinte años, será un viaje normal ir a la Luna.

—¡Viva Michel Ardan!

—¡Viva Barbicane! —dijo él.

Barbicane le preguntó si creía que la Luna estaba habitada.

—Si los mundos son habitables, entonces están habitados, o lo han estado o lo estarán.

Quienes piensan que no es porque creen que la Tierra es el mejor de los mundos posibles, pero no lo es. El eje de nuestro planeta está tan inclinado que por eso son tan desiguales los días de las noches y unas estaciones de otras, con mucho frío o mucho calor. En esto Júpiter es mejor, pues, al estar su eje muy poco inclinado, las temperaturas no varían en cada zona. ¡Imagínense que los habitantes puedan elegir el lugar para vivir en función de la temperatura que más les agrada!

—¡Pues inventemos una máquina para poner derecho el eje de la Tierra! —exclamó Maston, y su propuesta fue aplaudida con entusiasmo.

Una voz seca y enérgica sonó entre el público; era un hombre con barba.

—Habrá de saber que no existe aire en la Luna y no podrá respirar —dijo—. ¿Por qué se mete en cuestiones científicas si no las ha estudiado?

—Precisamente porque, al desconocer el peligro, no lo temo y eso me da valor.

—Pero infeliz, la espantosa sacudida inicial le hará a usted pedazos.

—Sé que esa es la dificultad, pero confío en el genio de los americanos.

—¿Qué aire piensa respirar en el viaje?

—Ya lo conseguiré químicamente.

—¿Cómo piensa regresar? Va usted a matarse, pero la culpa no será suya sino del ignorante que ha organizado esto.

Al verse ofendido, Barbicane iba a enfrentarse a él, cuando notó que levantaban en hombros la tribuna y le paseaban junto al francés entre gritos.

Cuando se vio libre, Barbicane buscó al hombre de barba y le preguntó quién era.

—Soy el capitán Nicholl.

Barbicane le retó a un duelo por el insulto de antes y quedaron al día siguiente en un bosque en secreto.

Capítulo 7

La solución del francés

Esa noche Maston despertó con golpes en la puerta a Michel Ardan. Le informó del duelo entre Barbicane y el capitán Nicholl y le pidió ayuda para impedirlo. En el camino, le habló de la vieja rivalidad entre ellos.

Llegaron al bosque y los llamaron a gritos. Al no oír nada, temieron lo peor. Por fin vieron al capitán, pero lo encontraron liberando a un pajarillo de la tela de una araña venenosa.

—¡Es usted un buen hombre! —le dijo Ardan—. Quiero estrecharle la mano e impedir que se maten ustedes.

—Pero si llevo una hora buscándole.

Como el capitán insistía en mantener el duelo, Ardan le aseguró que su propuesta les haría cambiar de idea y fueron a buscar a Barbicane. Lo encontraron escribiendo fórmulas en un cuaderno, y al ver a Ardan exclamó:

—¡Ya lo tengo! Con agua podemos suavizar la sacudida inicial del proyectil.

—Me alegro de que los dos se olvidaran del duelo por otras cosas más

importantes —dijo Ardan—. Y dado que no se ponen de acuerdo en si el proyectil llegará a la Luna o no, les propongo que hagan el viaje conmigo.

Los dos aceptaron a la vez y Ardan lo celebró con una comida. La popularidad del francés aumentó al saberse lo ocurrido.

Maston quiso ir también en ese viaje, pero eran ya demasiados. Ofreció su ardilla para el experimento de probar un proyectil en el mar y así ver cómo el agua amortiguaba la sacudida. La prueba fue un éxito, aunque el gato que también metieron se comió a la ardilla.

El proyectil se diseñó ahora en forma de cilindro con la punta a modo de cono y en unas semanas se fabricó y envió a Stone's Hill. En su interior habían metido

agua y sobre ella un disco de madera estanco en el que irían los pasajeros. Las paredes las habían almohadillado y debajo habían puesto cuatro ventanas: dos en el tubo para ver el espacio, una arriba para mirar la Luna y otra abajo para ver la Tierra. Se entraba al proyectil por una escotilla en la pared del cono. Tendrían luz y fuego con una bombona de gas.

Maston se ofreció a encerrarse en el proyectil ocho días y probar a respirar con ayuda de clorato potásico, que al calentarse libera oxígeno, y con potasa cáustica, que absorbe el anhídrido carbónico. Salió triunfante de la prueba.

En septiembre se había instalado el nuevo telescopio en Long's Peak, en las montañas Rocosas. Fue una gran obra de ingeniería subir allí, con nieve, los materiales del telescopio, cuyo tubo medía 85 m de largo y 5 m de ancho. Se sujetó con una enorme estructura de hierro.

Por fin se metió la pólvora en el pozo. Era una tarea muy peligrosa, pues 200 toneladas podían explotar con el calor. Se trabajó de noche y fue un éxito. El capitán había perdido otra apuesta.

Capítulo 8

El disparo del proyectil

Sólo quedaba ya colocar el proyectil en el Columbiad. Antes se metieron los objetos necesarios para el viaje. El francés quería llevar muchas cosas, pero Barbicane no le dejó. Cogieron un mapa de la Luna, herramientas, termómetros y catalejos. Además llevaban rifles, semillas y dos perros. Tenían víveres en conserva para un año y agua y aire para dos meses.

Unas potentes grúas introdujeron el proyectil en el cañón, con mucho cuidado para que no explotara la pólvora.

El capitán perdió así su tercera apuesta. Michel Ardan le dijo entonces:

—¡Espero que pierda sus otras dos apuestas para que salgamos con vida!

Llegó por fin el 1 de diciembre y esa noche debía dispararse el proyectil. Si no, habría que esperar dieciocho años a que se repitieran las condiciones de la Luna.

¡Cuánta gente se mantuvo expectante ese día! Desde por la mañana, una gran muchedumbre llenaba las praderas; cada cuarto de hora el tren traía más curiosos. Se contaron cinco millones.

Personas procedentes de todos los estados del país se mezclaban en las conversaciones, comidas y juegos. Por la tarde se hizo el silencio de la espera. Hacia las siete salió la Luna y hubo un clamor general. En ese momento aparecieron los tres intrépidos viajeros y los gritos se hicieron más intensos. Barbicane, serio y tranquilo, daba las últimas órdenes. Nicholl caminaba firme pero nervioso. Michel Ardan mostraba su alegría y labia de siempre.

A las diez, Barbicane encargó al ingeniero que a las 22:46:40 horas accionase la pila que produciría el disparo, al estar conectada por cable con el algodón-pólvora del cañón.

Llegó el momento de la despedida. Con los ojos llorosos, Maston insistió:

—¿Y si yo fuera también? ¡Aún puedo!

—Imposible, amigo —dijo Barbicane.

Momentos después, los tres estaban instalados en el proyectil tras atornillar por dentro la escotilla. Fuera reinaba un silencio espantoso y todas las miradas se concentraban en la boca del Columbiad.

—¡Treinta y nueve! ¡¡Fuego!!

El ruido fue ensordecedor. Salió fuego de la tierra como de un cráter; el suelo se levantó y todo el mundo cayó; se produjo un terremoto y un huracán. Hubo heridos y el propio Maston salió disparado como una bala. Los trenes descarrilaron; los barcos chocaron; muchas casas, la iglesia y la Bolsa se derrumbaron en Tampa.

Pasado el primer susto, la gente gritó «¡Hurra!» y se puso a mirar el cielo, pero ya no se veía nada. Había que esperar noticias desde el telescopio de las Rocosas, del cual se encargaba el director del Observatorio de Cambridge.

La fuerte explosión de la pólvora produjo un cambio atmosférico y cubrió de nubarrones el cielo. Durante varios días fue imposible ver la Luna, ni siquiera desde el fabuloso telescopio. Maston, desesperado, se fue a Long's Peak, en las Rocosas, para observarlo por sí mismo.

Por fin se recibió la siguiente nota:

Long's Peak, a 12 de diciembre

El proyectil disparado por el Columbiad ha sido visto por los señores Belfast y Maston el 12 de diciembre a las 20:47 h. El proyectil ha pasado cerca de la Luna y, debido a la atracción lunar, ha sido arrastrado a su órbita, convirtiéndose en un satélite.

Puede ocurrir que venza la atracción y llegue a la Luna o que gire alrededor de ella eternamente. De momento, tenemos un nuevo astro en el sistema solar.

Sólo un hombre confiaba en ellos: su amigo Maston. Y noche tras noche siguió su rastro desde el telescopio de las Rocosas, que convirtió en su casa.

Julio Verne

A este escritor francés (Nantes, 1828-Amiens, 1905) se le considera el creador de la novela de ciencia ficción, pues además de incluir en sus relatos los avances científicos de su tiempo se anticipó a otros venideros con mucha precisión, como sucede en *De la Tierra a la Luna* con los cohetes y los viajes espaciales. Aunque estudió Derecho, obligado por su padre, pronto se dedicó a la literatura. Empezó con teatro, pero el éxito de su novela *Cinco semanas en globo* (1862) lo animó a seguir escribiendo novelas de aventura fantástica. En 1865 publicó por entregas *De la Tierra a la Luna* y obtuvo gran éxito. Cinco años después publicó la segunda parte: *Alrededor de la Luna*. Otros títulos que le proporcionaron fama y dinero fueron *Viaje al centro de la Tierra*, *Veinte mil leguas de viaje submarino* y *La isla misteriosa*.

CONTEXTO HISTÓRICO

Entre 1861 y 1865, siendo Lincoln presidente de Estados Unidos, tuvo lugar la guerra de Secesión, en la cual lucharon los estados del norte contra once estados del sur que habían proclamado su independencia bajo el nombre de Estados Confederados de América, con Jefferson como presidente. La guerra finalizó con la victoria de los estados del norte, donde estaban desarrollados la industria y los negocios, frente a los estados agrícolas y esclavistas del sur. La novela *De la Tierra a la Luna* (1865) arranca precisamente del final de la guerra y en ella Verne crea, con una visión crítica, la irónica ficción de que los hombres de negocios yanquis (es decir, del norte), que habían participado militarmente e inventado armas, y que se hallaban ahora aburridos sin guerra, deciden enviar proyectiles al espacio.

En esa época, la misma en que escribe Verne, no existían los cohetes espaciales, pero el autor francés supo conjugar su visión de futuro y sus indagaciones científicas para adelantarse en un siglo al tema de los viajes a la Luna, la velocidad supersónica, el entrenamiento de cosmonautas y el lanzamiento del cohete desde Florida, tal como ocurrió cien años después en la realidad. Era tan creíble su novela y despertó tal entusiamo, que muchos lectores solicitaron participar en el viaje lunar.